Almas Radiantes

Radiant Souls

Antología Bilingüe de Poesía

Spanish-English Bilingual Anthology

(An Initiative of Progressive Literary & Cultural Society)

Almas Radiantes

Radiant Souls

Antología Bilingüe de Poesía

Spanish-English Bilingual Anthology

(An Initiative of Progressive Literary & Cultural Society)

Editors

Manju Yadav

Shamenaz

Self Published in 2022 by Notionpress, India
E-mail: plcs.23aug@gmail.com

Almas Radiantes (A Spanish-English Bilingual Anthology)
Copyright © 2022 Editors & Poets
ISBN : 979-888805978-4

All rights reserved. No part of this book may be reproduced or transmitted in any form or by any means, electronic, mechanical, photocopying, or otherwise, without the express written consent of the authors.

Content

Image:clipartkey.com

PRÓLOGO

NO CESARÁ ESTE RAYO QUE ME HABITA...1: ALMAS QUE SON COMO RAYOS Y QUE RADIANTEMENTE HABITAN

Tener buenos amigos escritores lleva consigo cosas como estas: recibir regalos por partida doble o incluso triple. En este caso, he recibido de mi (buena) amiga Manju Yadav -"Mann", en traje de faena- el regalo de poder leer sus poemas y los del resto de autores y autoras que componen esta interesante monografía. Sin haberme recuperado de tal agasajo, recibo el honor ahora de poder escribir estas pocas palabras liminares que no son una mera cortesía por mi parte, sino que son justas alabanzas que vienen a reconocer el arduo trabajo de compiladora realizado por Manju y Dra Shamenaz, del mismo modo, la calidad de las composiciones que contiene este libro.

Desde la India llega este "torbellino" creador que va más allá de la poesía. Manju es profesora, traductora, antóloga, cuentista, poeta y amiga. Cualidades todas que conforman una personalidad especial, como cada pélalo que conforma una rosa es especial o es especial cada hoja de un árbol. Cada uno de los intereses de Manju hace que nosotros, quienes le estamos/somos cercanos, nos sintamos atraídos por lo que hace y por cómo lo hace, porque, lector, el trabajo de antólogo, como el de aguador, nunca estará lo suficientemente reconocido y mucho menos remunerado. Así que, al amparo de los resultados, es de aplaudir el tesón y las muchas horas de trabajo que se guardan tras estas páginas.

Yendo de un nombre a los otros, de todos los antologados me siento cercano, leo: Argentina, Puerto Rico, Cataluña, Bolivia, Guatemala... y de todos me siento hermano y en todos estos nombres me he sentido siempre querido. No hay fronteras -la poesía lo demuestra- y quienes las crean no tuvieron nunca en su léxico palabras tan ricas como: métrica, metáfora, encabalgamiento... La poesía nos une, este libro es un ejemplo válido de lo que digo, y apuesta por hacernos cada día un poquito mejor. Hago ahora míos los versos de Shamenaz: "Let me fly/From this injustice..."; de todas las injusticias, vengan de donde vengan, miren hacia donde miren. Para eso sirve también la poesía, para hacernos recordar, para darnos esa colleja al tiempo que lleva implícita el mensaje: "¡espabila!".

"Almas radiantes", se titula esta antología. Buen título. Buenos poemas. "Que sienten y manifiestan gozo o alegría grandes", nos dice la segunda acepción del Diccionario de la Real Academia Española de la Lengua. Alegría contagiosa y alegría reflexiva en cada uno de los versos que aquí moran. No puedo dedicar palabras a cada uno de ellos -como buen prologista, respetaré al milímetro el espacio concedido por la curadora-, pero hay poemas, versos que ya son para mí. Pienso en esos cuartetos de inmensa humildad de Xavier Panades I Blas que a mí me recuerdan por igual a Eliot y a Issa. Emocionante aquello de: "que no perfuma sus flores/ que reparte su cosecha/ entre gente y animales". Perdurará. Tiene que perdurar.

Por su parte, Delia Rosa Bolaño Ipuana nos acerca al poeta, con sus versos casi nos sostribamos en él de manera amable. Y no está de más recordar, como hace Delia, que: "El poeta se libera al convertir/ Sus emociones en poemas...". Una parte de una poética común. Sencilla. Real. Asumible.

Así que, amiga Manju, gracias por tus regalos. Gracias por este libro al que me has dejado pertenecer. Gracias por dejarme pertenecer a quienes lo conforman, porque todos formáis ya parte de mí. Y a ti te digo, lector que llegas quién sabe por qué camino, has de saber que al leernos serás un tanto nuestro, asume la premisa y asume también que, al ser leídos, nosotros, almas radiantes, también te perteneceremos un tanto.

Fernando Cid Lucas

4 de junio de 2022

Senigallia, Italia

1 Verso de Miguel Hernández.

2 Graduado en Letras por la Universitá degli Studi

Guglielmo Marconi de Roma y Máster en Materias

Lingüísticas por la Universitá Saint Camillus de Roma.

Foreword

THIS RAY THAT DWELLS IN ME WILL NOT CEASE...1: SOULS THAT ARE LIKE RAYS AND WHICH DWELL RADIANTLY

Having good writer friends brings things like these: receiving double or even triple gifts. In the same way, I have received, in fatigues, the gift of being able to read her poems and those of the rest of the authors who make up this interesting monograph from my (good) friend Manju Yadav 'Mann'. Without having recovered from such a treat, I am now honored to be able to write these few preliminary words that are not a mere courtesy on my part, but are praise that comes to recognize the hard work as a compiler carried out by Manju and Dr Shamenaz and, in the same way , the quality of the compositions contained in this book.

From India comes this creative "whirlwind" that goes beyond poetry. Manju is a teacher, translator, anthologist, storyteller, poet and friend. All qualities that make up a special personality, like each petal that makes up a rose is special or each leaf on a tree is special. Each one of Manju's interests makes us, who are/are close to her, feel attracted to what she does and how she does it, because, reader, the work of an anthologist, like that of a water carrier, will never be sufficiently recognized. and much less paid. So, under the protection of the results, it is to applaud the tenacity and the many hours of work that are invested in these pages.

Going from one name to the others, I feel close to all the names in the anthology. I read: Argentina, Puerto Rico, Catalonia, Bolivia, Guatemala... and I feel like a brother to all of them and in all these names I have always felt loved. There are no borders -poetry proves it- and those who create them have never had such rich words in their lexicon such as: metric, metaphor, overlapping... Poetry unites us, this book is a valid example of what I say, and bets on making us a little better every day. I now make Shamenaz's verses my own: "Let me fly/From this injustice..."; of all injustices, wherever they come from, wherever they look. That is also what poetry is for, to make us remember, to give us that smack while implicitly carrying the message: "wake up!".

"Radiant Souls", that's what the title of the anthology is. Good title. good poems "That they feel and manifest great joy or happiness", tells us the second meaning of the Dictionary of the Royal Spanish Academy of Language. Contagious joy and reflective joy in each of the verses that dwell here. I cannot dedicate words to each of them -as a good prologist, I will respect to the millimeter the space granted by the curator-, but there are poems, verses that are already for me. I think of those immensely humble quartets by Xavier Panades. I feel that reminds me equally of Eliot and Issa. Exciting that of: "that does not perfume its flowers / that distributes its harvest / between people and animals". will endure. It has to endure.

For her part, Delia Rosa Bolaño Ipuana brings us closer to the poet, with her verses we almost lean on him in a friendly way. It is worth remembering, as Delia does, that: "The poet frees himself by converting / His emotions into poems...". A part of a common poetics. Simple. Real. Assumable.

So, friend Manju, thank you for your gifts. Thank you for this book to which you have let me belong. Thank you for letting me belong to those who make it up, because you are all already part of me. And I tell you, the reader who arrives who knows which way, you have to know that when you read us you will be somewhat ours, assume the premise and also assume that, when we are read, we, radiant souls, will also belong to you somewhat.

Fernando Cid Lucas
June 4, 2022
Senigallia, Italy

1 Verse by Miguel Hernández.

2 Graduated in Literature from the Universitá degli Studi

Guglielmo Marconi from Rome and Master in Linguistics from the Saint Camillus University of Rome.

Fernando Cid Lucas

Fernando Cid Lucas (Cáceres, 1979) es Graduado en Letras (mención Letras Modernas) por la Università degli Studi Guglielmo Marconi de Roma y Máster en Materias Lingüísticas por la Università Saint Camillus, también de Roma. Autor de más de un centenar de artículos dedicados a la teoría de la literatura, crítica literaria o literatura comparada, ha escrito o coordinado una decena de libros sobre estos mismos argumentos. Actualmente trabaja como lector de español en la región de Las Marcas (Italia).

Fernando Cid Lucas

Fernando Cid Lucas (Cáceres, 1979) is a graduate in Literature (Modern Letters) from the Università degli Studi Guglielmo Marconi in Rome and a postgraduate in Linguistic Matters from the Università Saint Camillus, also in Rome. Author of more than a hundred articles dedicated to the theory of literature, literary criticism or comparative literature, he has written and coordinated a dozen books on these same subjects. He currently works as a Spanish lecturer in the Marche region (Italy).

Preface

The book, "Almas Radiante " is a compilation of Spanish and English poems by the esteemed poets from India and the Hispanic world. This bilingual composition of poems is an initiative of the Editorial team of Progressive Literary & Cultural Society. PLCS has published four books so far, and this is their fifth book. PLCS is a literary forum that promotes global literature and culture. PLCS believes in providing equal opportunities to writers, critics, poets and translators of any language to use this platform for the promotion of creative works. Subsquently, PLCS has the motto "Entire Universe is Our Family " which is originally a Sanskrit phrase. PLCS advocates peace, love, multiculturalism, mutual understanding and brotherhood among different nationalities and its vision is to make this world a multicultural hub without any prejudices.

Almas Radiantes: Antologia Bilingue de Poesia (Radiant Souls: A Bilingual Anthology) book is an outcome of Spanish and English poetry reading which was organized by PLCS on 29th September 2021, to encourage the poets from Spanish Speaking countries to share their literary works not only in their mother tongue but the lingua franca English so it reaches a great number of audiences all over the world. The convenor Manju Yadav "Mann" (Spanish Coordinator, India) and co-convenor Luz María Lopez, Peru along with 19 poets from various Spanish speaking countries- Spain, Peru, Chile, Argentina, Bolivia, Venezuela, Mexico, Ecuador, Colombia, El Salvador etc. recited their poems in Spanish and English, which are now part of the anthology.

Progressive, Literary and Cultural Society aims to provide an accessible platform to literary and creative minds that are willing to join hands from any corners of the world. This book is an example of this effort, where the poets are seeking their voices to be heard by each and all and understand the need to change the world for humanity. Language is a beautiful medium of expression and there should be such platforms which enable the reach of various languages and allow the literature in different genres from one place to another, and that's how allow the different cultures, social expressions and needs to understand the humans everywhere.

Manju Yadav "Mann"

Prefacio

El libro, "Almas Radiantes" es una composición de poemas en español e inglés de poetas estimados de la India y el mundo hispano. Esta composición bilingüe de poemas es una iniciativa del equipo editorial de Progressive Literary & Cultural Society. PLCS ha publicado cuatro libros hasta el momento, y este es su quinto libro. PLCS es un foro literario que promueve la literatura y la cultura global. PLCS cree en brindar igualdad de oportunidades a escritores, críticos, poetas y traductores de cualquier idioma para utilizar esta plataforma para la promoción de obras creativas. Posteriormente, PLCS tiene el lema "Todo el universo es nuestra familia", que originalmente es una frase en sánscrito. PLCS aboga por la paz, el amor, el multiculturalismo, el entendimiento mutuo y la hermandad entre diferentes nacionalidades y su visión es hacer de este mundo un centro multicultural sin prejuicios.

El libro Almas Radiantes: Antología Bilingüe de Poesía (Radiant Souls: A Bilingual Anthology) es el resultado de una lectura de poesía en español e inglés organizada por PLCS el 29 de septiembre de 2021, para alentar a los poetas de países de habla hispana a compartir sus obras literarias no solo en su lengua materna pero la lingua franca inglesa por lo que llega a un gran número de audiencias en todo el mundo. La coordinadora Manju Yadav "Mann" (Coordinadora del grupo español, India) y co-convocante Luz María López, Perú junto con 19 poetas de varios países de habla hispana: España, Perú, Chile, Argentina, Bolivia, Venezuela, México, Ecuador, Colombia, El Salvador, etc. recitaron sus poemas en español e inglés, que ahora forman parte de la antología.

La Sociedad Progresista, Literaria y Cultural tiene como objetivo proporcionar una plataforma accesible para las mentes literarias y creativas que estén dispuestas a unirse desde cualquier rincón del mundo. Este libro es un ejemplo de ese esfuerzo, donde los poetas buscan que sus voces sean escuchadas por todos y todas y comprendan la necesidad de cambiar el mundo para la humanidad. El idioma es un hermoso medio de expresión y debe haber plataformas que permitan el alcance de varios idiomas y permitan la literatura en diferentes géneros de un lugar a otro, y así es como permiten que las diferentes culturas, expresiones sociales y necesidades entiendan a los humanos en todas partes.

Manju Yadav 'Mann'

Manju Yadav "Mann"

Manju Yadav "Mann" is a poet, short story writer and translator from India. She is a teacher, and presently teaching in Spain as an English Language Teacher under the Education and Cultural Ministry, Spain. She has translated poems of Mario Benedetti, Pablo Neruda and Jaime Sabines from Spanish to Hindi; the translations have been published in international magazines, and a Spanish novel translated into Hindi, titled: *Assi Dino me Duniya ka Chakkar*, written by Ecuadorian writer Julio Andrade. Her poems and translations are published in many national and international magazines. Almas Radiantes: Spanish-English Bilingual Anthology is her first edited book under PLCS. Her upcoming edited book is also a Multilingual Anthology. Recently she published her translations of Mario Benedetti's poems in Revista Spanishbolo, the only Spanish-English bilingual magazine published in India.

She has MA in English Literature from University of Allahabad and MA in Spanish from The English and Foreign Languages University, Hyderabad. She has taught English to the engineering and MBA students in Technical and Engineering colleges and Spanish language in International Baccalaureate schools. She is the Spanish Coordinator in Progressive Literary & Cultural Society (India). Presently, she is teaching English in Spain under the Education and Cultural Ministry of Spain.

contact: manjumann.thepoet@gmail.com

Manju Yadav "Mann"

Manju "Mann" es una poeta, escritora y traductora de la India. Es profesora, y actualmente enseña en España como Auxiliar de conversación (Inglés) bajo el Ministerio de Educación de España. Ha traducido poemas de Mario Benedetti, Pablo Neruda y Jaime Sabines del español al hindi; las traducciones han sido publicadas en revistas internacionales, y una novela española traducida al hindi, titulada: Assi Dino me Duniya ka Chakkar, escrita por el escritor ecuatoriano Julio Andrade. Sus poemas y traducciones se publican en muchas revistas nacionales e internacionales. Almas Radiantes: Antología Bilingüe Español-Inglés es su primer libro editado bajo PLC. Su próximo libro editado es también una Antología Multilingüe. Recientemente publicó sus traducciones de los poemas de Mario Benedetti en Revista Spanishbolo, la única revista bilingüe español-inglés publicada en la India.

Ella es licenciada en Literatura Inglesa de la Universidad de Allahabad, India y tiene un máster en filología española de la Universidad de Inglés y Lenguas Extranjeras de Hyderabad, India. Ha enseñado inglés a los estudiantes de ingeniería y MBA en las escuelas técnicas y de ingeniería y español en las escuelas de Bachillerato Internacional. Actualmente enseña inglés en España bajo el Ministerio de Educación y Cultura de España.

contact: manjumann.thepoet@gmail.com

A Tasteless Death

A mortal life you hold so tightly,

Controlled by the desires too consciously,

sticking around the fear to lose

and always submitted to chose

to what already is chosen.

But Remember you will never learn to fight.

your options to live are limited

that your comfort zones have selected-

the stereotyped norms and misused faded logics,

baseless realities and lifeless emotions,

doubtful histories and hypocritical myths.

Surely, you are safe from death,

Wait my dear! you are already dead.

So, why is this fear of death?

you do nothing that humanity looks to preserve,

your death will not make any difference to the people,

your karmas will prove your birth without any relevance

Do you say, the life you lived is worth it? Oh! my friend!

It's a tasteless death.

Una muerte insípida

Una vida mortal a la que te abraza tan fuerte,

controlada por los deseos demasiado conscientemente,

te giras alrededor del miedo a perder

y siempre sometido a elegir

lo que ya se eligió.

Pero nunca aprenderás a luchar, recuerda.

Tus opciones para vivir son limitadas

a que sus zonas de consuelo han dotado:

las normas estereotipadas y los lógicas descoloridos mal
utilizados,

las realidades sin base y las emociones sin vida,

historias dudosas y mitos hipócritas.

Seguramente, estás a salvo de la muerte…

¡Espere a mi querido! ya estás muerto.

Entonces, ¿por qué es este miedo de la muerte?

no hace nada que la humanidad busque preservar,

su salida al mundo no marcará ninguna diferencia

sus karmas demostrarán su nacimiento sin relevancia

¿Algún día la vida que vivió vale la pena?

¡Ah! ¡mi amigo! Es una muerte insípida.

Race

A word,

In a dictionary.

A word that holds,

A whole history in itself-

Of many lives,

Of poor peoples,

Of people of colours,

And the race of women everywhere.

This is a word,

Full of pain

A complete

Definition of suffocations,

And a whole matrix

Of burning questions

For which there does not exist any answer ever.

Race

The black letters

On white horizon

Of the big democracies,

A black dot on map

Of developed civilizations,

A dark reality of

White and colourful delights.

That can never be erased,

By any colour painted on them,

By any compensation of progressive narrations.

That never get redemption,

Even after the act of crucifixion.

Raza

Una palabra,

en un diccionario.

Una palabra que contiene,

toda una historia en sí misma-

de muchas vidas,

de pueblos pobres,

de personas de colores,

y la raza de mujeres en todas partes.

Esta es una palabra,

llena de dolor

una definición completa de asfixias

y toda una matriz

de preguntas candentes

para las que no existe ninguna respuesta nunca.

Raza

las letras

negras en el horizonte blanco

de las grandes democracias,

un punto negro en el mapa

de las civilizaciones desarrolladas,

una oscura realidad de

delicias blancas y coloridas.

que nunca se puede borrar,

por cualquier color pintado en ellos,

por cualquier enmienda de narraciones progresivas.

Eso nunca consigue redención,

incluso después del acto de crucifixión.

Shamenaz

Dr Shamenaz is the Author, Co-Author, Editor and Translator of 26 international books which includes short stories collections, poetry anthologies, literary articles, criticism & travelog. Her latest book is a Poetry anthology, *Women Poets: Crossing the Boundaries Volume I.* Being a prolific writer, she holds a D.Phil. in English Literature from University of Allahabad, India with a specialization in South Asian Writers, and New Literature. She is an orator and has been invited by many national and international Colleges & Universities to deliver lectures. She has published poems in many international magazines and journals around the globe. She is currently teaching English Literature at Rajarshi Tandon Mahila Mahavidyalaya, Allahabad since 2018. She has taught English Literature and Language at S. S. Khanna Girls' Degree College, Ewing Christian College, Allahabad University and Communication Skills at Allahabad Institute of Engineering & Technology. She has professional experience for more than 18 years.

She has published 75 research papers in National & International journals across the globe and has presented papers in 55 National & Seminars/Conferences all over India. She is a member of the Editorial Board of many international journals, including Angloamericana Journal (Macedonia), KJHSS (Azerbaijan) *Anglisticum* (Macedonia), *IJRHS* (Jordan), *Cyber Literature: An Online Journal, The Context, English Literator Society, Literary Miscellany, Research Access & Expressions, Levure Litteraire* (France-Germany-USA). She is also the Board of Director of Wildfire Magazine, USA.

She is the Founder & President of Progressive Literary & Cultural Society, an international organization for the promotion of global literature & culture and has successfully organized Golden Words Uzbek Virtual Poetry Festival on 19th and 20th December 2020 and India International Multilingual Poetry Festival on 18th - 20th December 2021.

Shamenaz

Dra. Shamenaz es una autora, coautora, editora y traductora de 26 libros internacionales que incluyen colecciones de cuentos cortos, antologías de poesía, artículos literarios, críticas y viajes. Su último libro es una antología de poesía, Las Mujeres Poetas: Cruzando los límites Volumen I. Siendo una escritora prolífica, ella tiene un doctorado en Literatura Inglesa de la Universidad de Allahabad, India con una especialización en Escritores del Sur de Asia, y Nueva Literatura. Ella es una oradora y ha sido invitada por muchos Colegios y Universidades nacionales e internacionales para impartir conferencias. Ha publicado poemas en muchas revistas nacionales e internacionales de todo el mundo. Actualmente enseña Literatura Inglesa en Rajarshi Tandon Mahila Mahavidyalaya, Allahabad desde 2018. Ha enseñado Literatura e Idioma Inglés en S. S. S. Khanna Girls' Degree College, Ewing Christian College, Allahabad University y habilidades de comunicación en el Allahabad Institute of Engineering & Technology. Tiene experiencia profesional por más de 18 años.

Ha publicado 75 trabajos de investigación en revistas nacionales e internacionales de todo el mundo y ha presentado artículos en 55 seminarios / conferencias nacionales en toda la

India. Es miembro del Consejo Editorial de muchas revistas internacionales, incluyendo Angloamericana Journal (Macedonia), KJHSS (Azerbaiyán) Anglisticum (Macedonia), IJRHS (Jordania), Cyber Literature: An Online Journal, The Context, English Literator Society, Literary Miscellany, Research Access & Expressions, Levure Litteraire (Francia-Alemania-EEUU.). Ella es también la junta directiva de la revista Wildfire, EE.UU.

Es fundadora y presidenta de la Sociedad Literaria, Cultural y Progresista, Organización internacional para la promoción de la literatura y la cultura mundiales y ha organizado con éxito el Festival Virtual de Poesía de Palabras de Oro de Uzbekistán los días 19th y 20th de diciembre de 2020 y el Festival Internacional Multilingüe de Poesía de la India los días 18 y 20 de diciembre de 2021.

Let Me Fly

Let me fly
From this gender-discrimination,
disrupting my progress.

Let me fly
From this injustice,
inflicted upon me all the time.

Let me fly
From this male-dominancy,
creating problems wherever I go.

Let me fly
From this insecurity,
creating havoc for me,

Let me fly
From this age-old customs and traditions,
forming a chain around me.

Let me fly
From fake duties and responsibilities,
not allowing to pursue
the real happiness of mine.

Let me fly

from this sexual abuse & molestation,

that women are facing everywhere,

which grabs my peace all the time.

Let me fly

From this domestic-violence

which countless women are facing everyday.

Let me fly

In the far-far wider sky,

with courage, self-determination,

talents and skills of mine.

Déjame Volar

Traducción: Alicia Minjarez Ramírez.

Déjame volar

de esta discriminación de género,

irrumpiendo mi progreso.

Déjame volar

de esta injusticia

infligida sobre mí todo el tiempo.

Déjame volar

de esta dominación masculina,

creando problemas donde quiera que voy.

Déjame volar

de esta inseguridad

creando estragos en mí.

Déjame volar

de costumbres y tradiciones ancestrales,

formando una cadena a mi alrededor.

Déjame volar

de falsos deberes y responsabilidades,

que no me permiten perseguir

la verdadera felicidad.

Déjame volar

de este abuso y acoso sexual,

que las mujeres enfrentan en todas partes

quebrantando mi paz constantemente.

Déjame volar

de esta violencia doméstica

que innumerables mujeres enfrentan diariamente.

Déjame volar

en el más amplio cielo

con coraje, autodeterminación,

talentos y todas mis habilidades.

Love is a Remedy Not Disease

Love is a remedy not disease,

 just believe in the meaning of love,

don't let your hopes fade away.

If you don't get your beloved in life,

don't be depressed and gloomy,

remember the platonic love of Meera,

as love is beyond physical self,

make it your inspiration,

and continue to live jovially,

your love will surely inspire you,

even in the darkest phase of life.

Remember! Life doesn't end with losses,

but it goes on with all its misfortunes.

Amor es una remedia, no Dolencia

Translation: Manju "Mann"

El amor es un remedio, no una dolencia,

solo cree en el significado del amor,

no dejes que tus esperanzas se desvanezcan.

Si no reúne a tu querido en la vida,

no te deprimas y te vuelvas sombrío,

recuerda el amor platónico de Meera,

ya que el amor está más allá del ser físico,

conviértelo en tu inspiración

y continúa viviendo jovialmente,

tu amor seguramente te inspirará,

incluso en la fase más oscura de la vida.

¡recordar! La vida no termina con pérdidas,

pero continúa con todas sus desgracias.

Luz María López

Luz María López es de Puerto Rico. Es una autora bilingüe, poeta, narradora, expositora, traductora, editora, prologuista, autóloga y gestora cultural internacional. Es la Presidente del Comité Académico de la Feria Internacional del Libro EMH en Mayagüez, Puerto Rico. Es una editora contribuyente de The *Dhaka Review* - Revista de Poesía. Es una Miembro de la Consejería Editorial de la Revista Literaria Taller Igitur y de Honor del Consejo Nacional de Escritores Independientes Internacional. Ha ganado el Premio Literario Kathak, Cumbre Internacional de Poetas de Dhaka, 2017; ``Shaan-E-Adab'', XI Festival Internacional de Escritores, Universidad de Udaipur, India, 2016. Ha participado en múltiples Festivales de Poesía, Ferias del Libro, Expo-Coloquios, Congresos. Sus poemas están traducidos a más de 20 idiomas y publicados en libros de autores selectos, revistas literarias y antologías multilingües internacionales.

Luz María López

Luz María López is from Puerto Rico. She is a bilingual author, poet, narrator, lecturer, translator, prologist, editor, anthologist and international cultural promoter. She is President of the Academic Committee of the EMH International Book Fair in Mayagüez, Puerto Rico. She is contributing Editor of "The Dhaka Review" - A Poetry Journal. She was in the Editorial Board of the Literary Magazine *Taller Igitur and* Honorary Member of the National Council of International Independent Writers. She has won the Kathak Literary Award, Dhaka International Poets Summit, 2017; "Shan-E-Adab" Award, XI International Writers Festival, University of Udaipur, India, 2016. She has been Invited to multiple Poetry Festivals, Book Fairs, Expo-Colloquiums, Congresses. Her poems are translated into more than 20 languages and published in books by selected authors, literary magazines and international multilingual anthologies.

Niño de la Guerra

El miedo es sólo el parpadeo de una pistola

amenazando con muerte súbita

en esta tierra donde el aire

solo carga dolores

ser enterrado vivo en el pesado

tapete polvoriento que alguna vez

fuera jardín henchido de flores

Todavía recuerdo los días

- como un sueño -

cuando corría bicicleta tan veloz como un pájaro

solía ir a la escuela en las mañanas

aprendía a leer y escribir

¡dibujaba grandes aviones!

pero ahora lanzan bombas

Mamá siempre abría su abrazo

cuando tiraba mis zapatos en el balcón

y yo la besaba dulcemente

hundiendo mi cara en su cabello

cálido y fragante

Alucinación…

cuando siento su rostro

cerca del mío

Veo un capullo de flor

sostenerse valientemente

bajo los escombros de esta tierra,

solitario milagro buscando luz

De repente una oración

quiebra todos los miedos

y lloro otra vez,

arrullado por este silencio

nacido del sangriento

vientre de la muerte.

Child of War

Fear is just the flicker of a gun

menacing with sudden death

in this land where the air

just carries sorrows

to be buried alive in the heavy

carpet of dust that once used to

be a full bloomed garden

Still remember the days

- like a dream -

when I rode a bike as fast as a bird

sat at school in the mornings

learnt to read and write

drew big airplanes!

but now they drop bombs

Mother always opened her hands

when I threw my shoes at the porch

and I kissed her sweet

buried my face in her hair

warm and fragrant

Hallucination…

when I sense her face

close to mine

I see a flower bud

standing bravely under

the debris of this floor,

solitary miracle searching

for light

Suddenly a prayer

breaks all fears

and I cry again,

sheltered by this silence

born from the bloody

womb of death!

Fragmentada

Estos insomnes días vagando en el badén

aromatizando visiones pasajeras

esencias extenuadas por el soplo del viento

el rubor desaliñado de las rosas rojas del jardín

los deseos oxidándose sobre los ojos

y las voces deshilachadas

pulsando minutos en mis manos

torbellino de imágenes circulando veloces

dispersión (en contra del reloj)

de los libros de la mente

y detrás de las paredes aun escucho

el eco de viejas canciones de vellonera

llenando la copa de vino

con poesía

¡fragmentada!

Veo tus sombras escurrirse

bajo el dintel de la puerta

atadas siempre a mis carnes níveas

y el mar que todo se lo lleva

- irremisiblemente -

pero aquí donde los días aún sueñan

no hay olvido o renuncia alguna

sólo cúmulos de sal para sanar

tanta herida.

Shattered

These insomniac days wandering on the trench

aromatizing ephemeral visions

essences exhausted by the breath of the wind

the tattered blush of the red garden roses

wishes rusting over the eyes

and the frayed voices

pulsing minutes in my hands

whirlwind of images circulating fast

dispersion (against the clock)

of the mind's books

and behind the walls I still hear

the echo of old songs streaming from the jukebox

filling the wine glass

with poetry, all shattered!

I see your shadows slithering

under the lintel of the door

always tied to my incandescent skin

and the sea that takes everything away

-inexorably-

but here where the days doze

there isn't forgetfulness

or any resignation

just heaps of salt to heal

so many wounds.

Rudy Alfonzo Gomez Rivas

Rudy Alfonzo es de Aguacatán, Huehuetenango, Guatemala. Es un docente, escritor, editor, y gestor cultural. Ha ganado muchos premios incluido un premio especial de Monólogo Teatral Hiperbreve Concurso Internacional de Microficción "Garzón Céspedes" 2008, Madrid, España, "Premio María Eugenia Vaz Ferreira", Montevideo, Uruguay 2008, "Lone Star" Houston, Texas 2020 etc. Ha publicado en poesía: *Mares en el corazón del perro, Saudade, Arena de la muerte, Minuto cero, Imperecedera muerte, El silencio como invento, Aves de papel, La fría hoguera de las palabras* y en narrativa: *Desheredados inquilinos*. Ha participado en congresos, encuentros, ferias de libros y festivales a nivel nacional e internacional. Director de la Revista Literaria *Voces Convergentes* y del sello editorial CAFEÍNA EDITORES. Es el fundador y organizador del Festival Internacional de Poesía Aguacatán FIPA.

Rudy Alfonzo Gomez Rivas

Rudy Alfonzo is from Aguacatán, Huehuetenango, Guatemala. He is an Educator, writer, editor, and cultural representative. He has won many prizes including a Special Prize for "Garzón Céspedes" Hyperbrief Theatrical Monologue, International Microfiction Contest 2008, Madrid, Spain, "Premio María Eugenia Vaz Ferreira" for the work "Aves de Papel", Montevideo, Uruguay 2008, "Lone Star", Houston, Texas 2020 etc. He has published the poetry books: *Mares en el corazón del perro, Saudade, Arena de la muerte, Minuto cero, Imperecedera muerte, El silencio como invento, Aves de papel, La fría hoguera de las palabras* and *Desheredados inquilinos* in narrative. He has participated in congresses, meetings, book fairs and festivals at national and international level. Director of the literary magazine *Voces Convergentes* and *CAFEÍNA EDITORES* publishing house. He is founder and organizer of the Aguacatán International Poetry Festival FIPA.

A la orilla del mar

He llegado de tierras lejanas

trayendo sobre los hombros

nebulosas que transgrede

el desgano y la desmemoria de espinas y pus.

Camino al son del horizonte

acallando fábulas

que proveen desnudos amaneceres.

 En mí los espejos escarcha

hacen trizas el andar

que se ha quedado colgado

en ventanas amarillas.

El incienso es un aroma lejano

donde anida la voz infantil

de higos y pájaros rotos.

 A la orilla del mar:

un sueño

una sonrisa

unas manos laboriosas

unos labios que invitan a la locura

una canción de Serrat

una niña abriendo sus alas ante el miedo

unos ojos inventando otro país.

On the Seashore

Translation by Luz María López (Puerto Rico)

I have come from faraway lands

carrying on my shoulders

nebulae that transgress

the reluctance and stupor of thorns and pus.

I walk to the rhythm of the horizon

silencing fables

that offer naked dawns.

In me the frost mirrors

shatter the gait

that has been left hanging

in yellow windows.

Incense is a distant scent

where it nests the childish voice

of figs and broken birds.

At the seashore:

a dream

a smile

some laborious hands

some lips that invite madness

a song by Serrat

a girl opening her wings in the face of fear

some eyes inventing another country.

Máscaras

Construimos máscaras, pretendemos llegar al centro de la
raíz y sus misterios.

Construimos máscaras, seducimos a la muerte y a sus
corsarios.

Construimos máscaras, el eco de los cetáceos es suicida en
los labios.

Construimos máscaras, la insurrección del jade nos pinta
crucifijos en las sienes.

Construimos máscaras, hirsutas piedras nos pintan dudas
en las manos.

Construimos máscaras, hechizos blancos aniquilan los
sueños y enmarañan el mañana.

raíz

muerte

cetáceos

jade

piedras

hechizos es lo que finalmente somos.

Masks

Translation by Luz María López (Puerto Rico)

We build masks, pretend to reach the center of the root and
its mysteries.

We build masks, seduce death and its corsairs.

We build masks, the echo of the cetaceans is suicidal on
the lips.

We build masks, the jade's insurrection paints crucifixes
on our temples.

We build masks, hirsute stones and paint doubts on our
hands.

We build masks, white spells annihilate dreams and
entangle the tomorrow.

root

death… cetaceans

jade stones

spells are what we finally turn out to be.

Pablo Carbone - Bolivia

Pablo Carbone Unzueta nació en La Paz, Bolivia, el 20 de julio de 1980. Publicó, en el año 2009, su primer libro "Embriaguez nocturna" (Editorial La Hoguera), "El Laberinto del Musgo", es su segundo libro de poemas. El es ganador del Premio Nacional de Literatura, auspiciado por la "Universidad Gabriel René Moreno", el 2011. El año 2015 publicó el poemario "La balada de los muros"; el mismo que fuera seleccionado finalista del Concurso Internacional de Poesía "Pilar Fernández Labrador", auspiciado por la Diputación de Salamanca, España. El año 2016 recibió el "Premio Joven de Literatura" de Santa Cruz de la Sierra. El año 2019 publicó su cuarto poemario, titulado "Pasaje al diván" bajo el sello editorial 3600.

Pablo Carbone - Bolivia

Pablo Carbone Unzueta was born in La Paz, Bolivia, on July 20, 1980. In 2009, he published his first book "Night Drunkenness" (Editorial La bonfire), "The Maze of the Moss", is his second book of poems. He is winner of the National Prize for Literature, sponsored by the "Gabriel René Moreno University", in 2011. In 2015, he published his collection of poems "The ballad of the walls"; that was selected as finalist of the International Poetry Contest "Pilar Fernandez Labrador", sponsored by the Provincial Council of Salamanca, Spain. In 2016 he received the "Young Prize of Literature" from Santa Cruz de la Sierra. In 2019 he published his fourth collection of poems, entitled "Passage to the divan" under the editorial label 3600.

Del oráculo, su fiesta

de tus demonios largos y ásperos; otros, duermes, plácido
y letárgico,

bajo la ligereza de tus membranas mucosas, del interior del
agua.

Dejaste cicatrices cálidas, el hilo de Ariadne escondido

bajo los gigantes de la piedra; en

tu vientre roto sopla vientos antiguos, rollos irresolutos,

gachas sangrientas, pequeñas muertes de día

Todavía mantengo el faro en tu pecho, en el camino

bifurcado que iniciaste; A partir de ahí,

observó ciertas letanías, espasmos breves, rastros de luces
diminutas.

Permaneceré insomniaco atendiendo a las sanguijuelas
voraces, cubriendo otras heridas;

Mientras que el oráculo que hoy amanece nublado está
despejado.

Pronto abrirá las compuertas y festejará en las esquinas del
universo

Usted es la curvatura de las galaxias, el vino lento de la
medianoche.

Tu mierda, luz y brillo, a través de los vértices de mi
abismo; a veces liberas

la furiosa explosión .

Of the Oracle, His Feast

You are the curvature of galaxies, the slow wine of
midnight.

Your craw, light and bright, through the vertices of my
abyss; sometimes you release

the furious burst of your long and rough demons; others,
you sleep, placid and lethargic,

under the lightness of your mucous membranes, of your
water's interior.

You left leaving warm scars, the thread of Ariadne hidden
under the stone's giants; in

your broken belly blow ancient winds, irresolute scrolls,
slags bloody, small day deaths

I still keep the lighthouse on your chest, on the forked path
you started; from there, I

observe certain litanies, brief spasms, traces of tiny lights.

I will remain insomniac attending to the voracious leeches,
covering other wounds;

while the oracle that today dawns cloudy is cleared.

Soon you will open the floodgates and feast on the corners
of the universe.

Etérea

Yo que anduve marchito e intratable,

vacilando en la noche rota,

en la hora última de los bares;

exigiendo la limosna turbia de unos labios,

el estrépito oscuro de caderas,

la sonrisa estrecha,

el follaje insuficiente.

Yo que anduve subterráneo

enfermo de raíces,

lamiendo las podridas golondrinas,

llorando sobre vientres apagados,

muriendo en las vísceras del insomnio.

Yo que había perdido el cielo de un ombligo,

las piernas redentoras,

la furia de una nube;

encontré de pronto

tu silueta diminuta,

tus ojos infinitos,

tu ascenso de tinieblas.

Y en ese reguero de semillas

de ofrendas silenciosas,

de noches confundidas

celebré tu brusca tempestad de mariposas

Y volví a vivir, en el banquete subversivo de tus alas.

Ethereal

I walked withered and intractable,

hesitating in the broken night,

until the last hour at the bars;
demanding the cloudy alms for lips,
the dark clatter of hips,
the narrow smile,
insufficient foliage.
I walked underground,
sick to the roots,
licking the rotten swallows,
crying over dull bellies,
dying in the entrails of insomnia.
I had lost the sky of a navel,
the redeeming legs,
the fury of a cloud;
I suddenly found
your tiny silhouette,
your infinite eyes,
your rise from the dark.
And in that trail of seeds,
of silent offerings,

of confused nights

I celebrated your sudden storm

Antonia Russo

Antonia Russo es una poeta y autora publicada en Argentina. Es una promotora cultural de la Universidad de Córdoba, Argentina. Ha ganado el premio "Dr. Honoris Causa" en Literatura. Es directora ejecutiva de la Federación Latinoamericana de Escritores y Artistas. También es Académica Asociada para el Norte Academia Americana de Literatura Moderna y Coordinadora de Academia Argentina de Literatura Moderna.

Antonia Russo

Antonia Russo is a published poet and writer from Argentina. She is a Cultural promoter for the University of Córdoba, Argentina. She has won the "Dr. Honoris Causa" prize in Literature. She is Executive Director of the Latin-American Federation of Writers and Artists. She is also an Associated Academician for the North American Academy of Modern Literature, and coordinator for Argentina's Academy of Modern Literature.

Noche

Ataviada con esplendores

de plata y luz brillante

susurras a mi oído

la oración de la esperanza

Acechas cada noche

mi ventana entreabierta

decidida a convertirte

en el espejo de mi alma

Haces nido en mi sonrisa

alborotando mis cabellos

recitando en voz muy baja

las plegarias del silencio.

Night

Dressed with magnificence

Of a silver and sparkling light

You whisper on my ear

This hopeful prayer.

You seek every night

Looking through my window ajar

Determined to become yourself

Into the mirror of my soul

You build a nest on my smile

Messing down my hair

Preaching in a very low voice

Ancient prayers of silence.

Amanezco

Brotarán de mis labios

las palabras olvidadas

en rincones secretos

en medio de la tormenta

Renacerán los versos

de plegarias nuevas

paridas en el silencio

de las noches sin luna

Resurgirán Ángeles nuevos

de la mano invisible

de los amores eternos

a nuestra madre tierra

Awaken

My lips shall pronounce

Forgotten words

Into secret places

And into the storm

Rhymes shall reborn

Into new prayers

Given birth on the silence

Of moonless nights

New angels shall rise

By the invisible hand

Of eternal loves

Of our mother earth

Luis Enrike Moscoso

Luis Enrike Moscoso es de Villaflores, Chiapas, México. Es un artista visual, poeta y editor. Ha publicado cuatro libros de poesía. Su poesía ha sido traducida al inglés, francés y portugués e incluida en revistas y antologías virtuales e impresas en varios países. Desde 2013 enseña creación literaria y artes visuales. Actualmente es CEO de Espantapájaros Editorial.

Luis Enrike Moscoso

Luis Enrike Moscoso is from Villafijos, Chiapas, Mexico. He is a visual artist, poet and editor. He has published four books of poetry. His poetic works have been translated into English, French and Portuguese and included in virtual and print magazines and anthologies in several countries. He has held workshops on literary creation and visual arts since 2013 and his poetry has been collected in anthologies in Mexico and Central America. He is currently General Director of Espantapajaros Editorial.

XIX

Corren sobre el asfalto partículas de polvo.

Delirios de otra tierra que pertenece a las cenizas.

Juegas a revivir el patio que dejaste atrás

junto al cipote y la mujer de pan

y un sabor amargo,

como a nostalgia,

te llena la garganta dejando pasar los nudos de una cuerda
imaginaria

cuyos extremos son invisibles en el vapor del pavimento.

Desentramar el hambre bajo la mirada furtiva del medio
día

-ese jinete primario del armagedón que lanza flechas
incendiadas

en el lomo gris de la ciudad que no eres.

Nadie es capaz de mirarte a los ojos mientras caminas
entre los coches

anunciando caramelos ya deformes de sol y desesperación,

porque la necesidad del otro es dueña de un rostro insoportable

que preferimos no ver para no despertar un día

con las ganas de arrancar de tajo las hojas

del libro del mañana.

Avanzas rápido con los tenis desgarrándose las entrañas famélicas

y el sudor es un espejo crudo en los retrovisores del semáforo en rojo.

Cantas una canción que no conoces.

El rostro de ella es una sombra que se diluye incesante

al ritmo del tráfico de las dos de la tarde.

Ya no recuerdas su voz,

pero escuchas que te llama

-sirena de cabellos negramente peinados con paciencia-

Allá cada vez más lejos sonríe socarrona la esperanza.

El proyecto que se va borrando de a poco

como un poema a lápiz escrito en alguna parte

se desintegra frente a tus ojos y el rugido de la bestia es

ya sólo un eco bajo la sombra del estanco.

¿Dónde estás? ¿Quién eres?

¿Para qué la vida como un mendrugo de nada en las

tardes simples?

¿Quién decidió por ti cuando decidiste irte para llegar?

¿A quién pertenece esta ciudad de nadie?

Buscas otra vez en la mochila como queriendo hallar un

trozo de algo

y solo encuentras la nariz rasgada y rota de un conejo

mugroso

que vino de sus pequeñas manos para que no te perdieras.

 -Hasta los héroes necesitan ayuda a veces- piensas

mientras el semáforo vuelve a su rojo tic tac y todo se

repite como en un sueño del que no alcanzan nunca a

despertar.

XIX

Dust particles run over the asphalt.

Delusions of another land that belongs to the ashes.

You play at reviving the courtyard you left behind

next to the child and the woman of bread

and a bitter taste, like nostalgia,

fills your throat as you let the knots of an imaginary rope

go by whose ends are invisible in the vapor of the
pavement.

You unravel hunger under the furtive gaze of midday

 -that primal horseman of armageddon who shoots

flaming arrows on the gray back of the city you don't

belong to.

No one is able to look you in the eye as you walk among

the cars

announcing candies already deformed by sun and despair,

because the need of the other is the owner of an

unbearable face that we prefer not to see so as not to

wake up one day with the desire to tear off the pages

of tomorrow's book.

You move fast with your sneakers tearing at its famished

entrails

and sweat is a crude mirror in the rear-view mirrors of the

red light.

You sing a song you don't know.

Her face is a shadow that dilutes incessantly

to the rhythm of the two o'clock traffic.

You no longer remember her voice,

but you hear her calling you

-siren with patiently combed black hair-

Over there, farther and farther away hope smiles slyly.

The project that is being erased little by little

like a poem in pencil written somewhere

disintegrates in front of your eyes and the roar of the

beast is already only an echo under the shadow of the

stagnation.

Where are you? Who are you?

Why life as a crumb of nothing in the simple evenings?

Who decided for you when you decided to leave to

 arrive?

To whom does this city of nobody belong?

You search again in your backpack

as if you wanted to find a piece of something

and you only find the cracked and broken nose of a filthy

stuffed bunny

that came from his little hands so you wouldn't get lost.

-Even heroes need help sometimes, you think to yourself

while the traffic light goes back to its red tick-tock

and everything repeats itself as in a dream

from which you never wake up.

Eres Quien Deduce Los Tres Rostros Que Tiene la Angustia

Dueño de una patria rota

cuyos fatuos brillos titilan al compás de las migraciones.

Eres y no,

un crepitar de huesos sin nombre

rodando a ciegas por las avenidas silenciosas

de la noche.

Sombra ajena alimentando las palomas homeless de la tarde

desde que decidiste las concavidades de la paciencia

Por eso el canto es una presunción de sinsabores trágicos

que roen el caparazón de la nostalgia,

y todo se queda callado.

ROSTRO PÚRPURA DE LA ANGUSTIA QUE NO

AVISA,

QUE SE INSERTA COMO UNA LAPA ENTRE LOS

PLIEGUES DE LA CIUDAD

Tres rostros tiene la angustia cuyos ángulos pertenecen ya

a las cavernas húmedas de mujeres agrias

a dos calles del centro donde

cada lámpara nocturna

es un diente de león plantado deliberadamente

sobre el hormigón estéril,

destinado sin retorno a perecer a solas.

Eres y no, los otros

que se aferran al filo salomónico del tedio y la rutina.

Guitarra en mano en las taquerías y los cafés

donde reposan sus anchas nalgas

los políticos de medio pelo con ínfulas de emperador.

Eres un sobresalto en medio del estruendo:

Rudísima roca pudiéndose

entre la seda de un Alone Together de Chet Baker

en el vacío existencial de los domingos.

ROSTRO BLANCO DE LA ANGUSTIA

DESDENTADA

QUE SE LLEVA MARIPOSAS COMO HOJAS

SECAS EN UN DÍA CUALQUIERA DEL

APOCALIPSIS.

La angustia es el testimonio de los días.

La sola palabra sin nombre /que nos revienta los

tímpanos en la desfachatez del insomnio/

que inhalamos a diario. /La sola palabra sorda /que

nos revuelca la libido ante la moral

azul /de nuestras concupiscencias más antiguas. /La

sola palabra muda /que nos recuerda

la valentía de una mano mugrienta,/ extendida sobre

el lienzo negro de la miseria. /La sola

palabra terca /como una idea trasegando aromas de

falsa expectativa.

ROSTRO PLATA DE LA ANGUSTIA:

TAN BRILLANTE, TAN LACUSTRE EN SU

NATURALE¬ZA INTACTA.

LISTO PARA SIEMPRE COMO UN ESPEJO

DONDE EL OJO INTENTA NEGAR SUS

PROPIAS

HIPERMETROPÍAS CREPUSCULARES.

Escribes esto

porque no encuentras manera de alcanzar (No sabes cómo)

la puerta donde alguien

-Hombre o mujer-

reparte máscaras como pase de entrada

al desvelo circular del mundo.

You Are the One Who Deduces the Three Faces of Anguish

Owner of a broken homeland

whose fatuous gleams flicker to the rhythm of migrations.

You are and not,

a crackling of nameless bones

rolling blindly down the silent avenues of the night.

Strange shadow feeding the homeless pigeons of the afternoon

since you decided on the concavities of patience.

That#39;s why the song is a presumption of tragic

heartaches

that gnaw the shell of nostalgia,

and everything falls silent.

PURPLE FACE OF THE ANGUISH THAT DOES

NOT WARN,

THAT INSERTS ITSELF LIKE A LIMPET

BETWEEN THE FOLDS OF THE CITY.

The anguish have three faces whose angles belong

to the humid caverns of sour women

two streets from downtown where

each night lamp

is a dandelion deliberately planted

on the sterile concrete,

destined without hope of return to perish alone.

You are and you are not the others

who cling to the Solomonic edge of tedium and

routine.

Guitar in hand in the taquerias and the cafés

where half-baked politicians with emperor's

pretensions

rest their broad buttocks.

You are a jolt in the midst of the din:

Rudest rock polishing itself

between the silk of a Chet Baker's Alone

Together in the existential emptiness of Sundays.

WHITE FACE OF TOOTHLESS ANGUISH

THAT CARRIES AWAY BUTTERFLIES LIKE DRY

LEAVES ON ANY GIVEN DAY OF THE

APOCALYPSE.

Anguish is the testimony of the days.

The single nameless word /that bursts our eardrums in

the insolence of the insomnia/ that

We inhale daily. /The single deaf word /that stirs our

libido before the blue morality /of

our most ancient concupiscence. /The single mute

word /that reminds us of the courage

of a filthy hand,/extended on the black canvas of

misery. /The single stubborn word /like

an idea wafting aromas of false expectation.

SILVER FACE OF ANGUISH:

SO BRIGHT, SO LACUSTRINE IN ITS

UNTOUCHED NATURE.

READY FOREVER AS A MIRROR WHERE THE

EYE TRIES TO DENY ITS OWN TWILIGHT

HYPERMETROPIAS.

You write this

because you can't find a way to reach (You

don't know how)

the door where someone

-man or woman-

hands out masks as an entrance pass

to the world's circular sleeplessness.

Delia Rosa Bolaño Ipuana

Delia Rosa Bolaño Ipuana, colombiana y guajira, normalista superior de uribia la guajira, licenciada en pedagogía infantil del infotep de san del cesar, maestría en educación con la utp, maestra de la normal superior de san juan del cesar, la guajira.

Libros publicados: Estrategia Metodológica de los Sueños, Recreando con los Sueños de los Niños, Estrategia Metodológica Escuela en Casa, Teichon, Lágrimas de Abril, Marielita la tortuga y Pako el Rojo Cardenal, la Outssu Y así Murió Juya, , El Regreso de Covid. Poemas publicados desde su propia voz en sus redes y en distintas antologías.

Delia es la coordinadora y fundadora del Encuentro Internacional Literatura al Mar Departamento de la Guajira, Colombia y la Fundación Teichon y el Concurso de Poesía y Cuento Guajira Mágica y Poesía en vivo a cabo de la vela.

Delia Rosa Bolaño Ipuana

Delia Rosa Bolano Ipuana, Colombian and Guajira, superior normalist of uribia La Guajira, graduated in child pedagogy from infotep de san del césar, master in education with utp, teacher of the superior normal of San juan del césar, La guajira.

Poems published from his own voice in his networks and in different anthologies. Delia is the coordinator and founder of the International Meeting Literature at Sea Department of La Guajira, Colombia and the Teichon Foundation and the Contest of Poetry and Tale Magic Guajira and Live Poetry of La Vela.

Publications: Estrategia Metodológica de los Sueños, Recreando con los Sueños de los Niños, Estrategia Metodológica Escuela en Casa, Teichon, Lágrimas de Abril, Marielita la tortuga y Pako el Rojo Cardenal, la Outssu Y así Murió Juya, , El Regreso de Covid.

Flor de Cactus

Te veo marchita flor de cactus,

Esperanza de un desierto paraíso hermoso.

Atraes a muchos con tu belleza, te toman, te besan,

Te hacen suya y te dejan cuando les provoca.

Los llevas al infinito placer del poder,

solo has recibido golpes, olvidos y limosnas.

La soledad es tu cruda y dura realidad,

Tu atraso las múltiples riquezas de otros,

Tu riqueza es también su grandeza.

Tu ignorancia, su mayor ventaja,

Tus minerales, su rico y nutrido alimento,

Tu desierto, su máxima atracción.

Quien te posee, te envuelve, te trama y tú, mi Guajira,

Te has dejado poseer, ya no eres de ti, eres de otros,

Tu cuerpo no te pertenece, perteneces al maldito olvido.

Tus ojos están cargados de lágrimas, no se pueden
apreciar,

Tus labios ya no cantan como rojo cardenal,

Lloran en silencio su infinito dolor.

Tu vientre aún está latente, tus pechos se cargan,

Quieren reventar cual cauce embravecido,

Otros vienen y te explotan, luego te dejan,

Llevándose de tus entrañas tus riquezas.

Tus hijos sufren en silencio, esto te entristece y te devasta.,

¡Oh! Mi Guajira, despierta

Cuánto dolor e impotencia guardo contigo,

Lloro en silencio mi madre tierra,

Soy de ti, como eres de mí.

Lo que has sufrido, lo he vivido,

Lo que has llorado, lo he sentido,

Lo que estás sintiendo, me está doliendo.

La impotencia me posee,

Al saber que tu riqueza, es tu miseria,

Y la soledad es tu fracaso.

¡Oh! madre tierra, flor de cactus

Desierto encantado de ninguna primavera,

Despierta ahora mi guajira

Cactus Flower

I see you withered cactus flower,

Hope for a beautiful desert paradise.

You attract many with your beauty, they take you, they kiss
you,

They make you their own and leave you when it provokes
them.

You take them to the infinite pleasure of power,

You have only received blows, forgetfulness and alms.

Loneliness is your harsh and harsh reality

Your backwardness the multiple riches of others,

Your wealth is also its greatness.

Your ignorance, your greatest advantage,

Your minerals, its rich and nourishing food,

Your desert, its greatest attraction.

Who owns you, surrounds you, plots you and you, my
Guajira,

You have allowed yourself to be possessed, you are no
longer yours, you belong to others,

Your body does not belong to you, you belong to damn
oblivion.

Your eyes are full of tears, they cannot be appreciated,

Your lips no longer sing like cardinal red

They cry in silence their infinite pain.

Your belly is still latent, your breasts are loaded,

They want to burst like a raging riverbed,

Others come and exploit you, then they leave you,

Taking your wealth from your entrails.

Your children suffer in silence, this saddens and devastates
you.

Oh! My Guajira, wake up

How much pain and helplessness I keep with you,

I cry in silence my mother earth,

I am from you, as you are from me.

What you have suffered, I have lived,

What you have cried, I have felt,

What you're feeling is hurting me.

Impotence possesses me

Knowing that your wealth is your misery

And loneliness is your failure.

Oh! mother earth, cactus flower

Enchanted desert of no spring

Wake up now my guajira

Poeta

El poeta se libera al convertir

Sus emociones en poemas,

Cuando despierto sueña sus versos,

Cuando vuela al darle alas a sus rimas,

Al permitir que los oídos se deleiten en ellas,

Cuando conecta su yo con el otro, al hilar

Lo mágico del lenguaje.

El poeta, le pone voz a su sentir,

Cuando otros lo leen,

Cuando Personifica su debilidad,

Causando energía,

a quien se conecten a su dolor,

convirtiéndose en poseedor de múltiples sensaciones,

Que nadie más puede provocar,

solo el poeta es capaz de sacudir

La cordura humana y convertirla en

Un acto normal.

El poeta no es poeta por lo

Que escribe, es poeta

Por lo que logra sacudir

En lo más esencial del ser. Poeta.

Poet

His emotions in poems

When awake he dreams his verses,

When he flies by giving wings to his rhymes,

By allowing the ears to feast on them,

When you connect yourself with the other, by spinning

The magic of language.

The poet gives voice to his feelings

When others read it,

When he personifies his weakness,

Causing energy

to whom they connect to their pain,

becoming possessor of multiple sensations,

That no one else can provoke

only the poet is able to shake

Human sanity and turn it into

A normal act.

The poet is not a poet so

Who writes, is a poet

So it manages to shake

In the most essential of being.

Poet.

Amelia Cayul

Amelia Cayul nació en la comuna de Chol-chol, por la comunidad Coltauco, Chile. Ella es una poeta bilingüe y escribe en español y mapudungun. Ella es una activista indígena de la cultura Mapuche. Además, ella es embajadora de la Identidad de la Cultura Mapuche, una representativa de esa cultura a nivel global. Ella es una chef de cocina ancestral de Mapuche. Al mismo tiempo es una poeta muy activa. Ha participado en muchos festivales y participado en varios recital de poesía y eventos internacionales. Ha publicado poemas en revistas y antologías. Y también realiza programas culturales en vivo desde su plataforma de Facebook.

Escribe poesía en Mapudungun. Pertenece al grupo poético de Benidorm España como Embajadora de cultura mapuche, grupo literario Benidorm chillán Ñuble Chile. Colectivo cultural de San Nicolás. ha sido entrevistada por el canal 21 y canal 13 en el programa Recomiendo Chile, en su país y ha sido premiada por el Ministerio de la Cultura en 2019 para su contribución cultural en progreso de lengua y la cultura Mapuche.

Amelia Cayul

Amelia Cayul was born in the commune of Chol-chol, by the community of Coltauco, Chile. She is a bilingual poet and writes in Spanish and Mapudungun. She is an indigenous activist and an ambassador for the identity of Mapuche Culture. She is a chef of ancestral Mapuche cuisine. She actively participates in poetry festivals at national and international levels. She has published poems in magazines and anthologies. She also performs live cultural programs from her Facebook platform.

She writes poetry in Mapudungun. She belongs to the poetic group of Benidorm Spain as Ambassador of Mapuche culture, literary group Benidorm chillan Nuble Chile. Cultural Collective of San Nicolas. He has been interviewed by channel 21 and channel 13 in the program I recommend Chile in his country and has been awarded by the Ministry of Culture in 2019 for his cultural contribution in the progress of Mapuche language and culture.

Gente de tierra

Desde lo más profundo que alberga la tierra

una raza de personas se libera.

La sangre viendo los rayos de sol

Una sangre diferente que bombea su corazón

Caminaron senderos muy oscuros

Donde hubo una luz que guía su camino haciendo que
cambiará su destino

Convirtiendo su sangre en vino

¿Dónde encontraremos la salida?

¡Si no la encontramos nuestra vida está perdida!

El frío recorre nuestro torso desnudo,

Como va aceptar nuestra raza el mundo

Es difícil aceptar la realidad

Como a nuestra gente la desaparecen sin piedad

Nuestro entorno cada día se parece a un infierno

y al wekufu ya le están sirviendo

¡Liberación a nuestro espíritu! ¡Liberación a nuestro cuerpo!

¡Liberación a nuestra tierra! ¡Liberación por que hoy algo comienza!

People of Earth

From the depths of the earth

a race of people is liberated.

Blood watching the sun's rays

A different blood pumping your heart

They walked very dark paths

Where there was a light that guides

their path making it change their destiny

Turning their blood into wine

Where will we find the way out?

If we don't find it, our life is lost!

The cold runs through our naked torso,

How our race will accept the world

It is difficult to accept reality

How our people disappear mercilessly

Our environment every day looks like hell

and wekufu is already serving

Liberation to our spirit! Liberation to our body!

Liberation to our land! Liberation

Why did something start today!

Idioma

Hablar de idioma

Mapudungun

mi voz

y mi cuerpo

grita en tercero

enorme trasero

donde se encuentran los árboles nativos

traspasan y resuenan

entre las montañas

y Espiritu respire

respira el aroma de cada árbol ancestral.

Language

Speak my language

Mapudugun, my voice and

My body

Shouts!! Between

Cerro, huge hill

Where are the trees

Native people!!

It pierces and it sounds

Between the mountains

My spirit, breathe the scent

Of each Ancestral tree:

Fredy Tato Mejía - EL Salvador

Fredy Tato Mejía es de Santa Tecla, El Salvador. Es un poeta y vendedor de libros. Es un estudiante del Departamento de Letras en la Universidad de El Salvador. Es un Creador de los ciclos de poesía en Sonsonate "La Función Poética ". También es un miembro y fundador del Círculo Literario TecoloTE y del Colectivo Literario Zenzontle. Miembro coordinador del Festival Internacional de Poesía Amada Libertad. Poemas suyos han sido traducidos al Otomí y quizás al inglés. Ha publicado en antologías y revistas digitales.

Fredy Tato Mejía - EL Salvador

Fredy Tato Mejía (Santa Tecla, 1997)is a poet and bookseller who lives in San Salvador. He is a student of the Department of Letters at the University of El Salvador. He is founder of the poetry cycles in Sonsonate, ``La Función Poética". Also, he is member and founder of the Literary Circle TecoloTE and the Literary Collective Zenzontle. He is Coordinating member of the International Poetry Festival Amada Libertad. His poems have been translated into Otomí and perhaps into English.

EL HECHO ES QUE

He caminado junto a seres más tristes que yo

Y no tengo valor para verles los ojos muertos,

Para ver que me ven los ojos limpios,

El beso de mi madre que delata la ternura.

Le he escrito poemas a mi madre

Y no encuentro en ellos la razón de seguir siendo hijo.

Cómo podría nombrar sus manos

Sin mostrarle mi alfabeto de suicidios.

Cómo podría la palabra atroz

Orbitar en los arrabales de una niñez perfecta.

Ahora no llueve, pero hace unos días

Horadaban ríos de hambre fermentada.

Quizá un poco al occidente del ron

Alguien me nombra junto a cristo.

De niño tartamudeaba un padrenuestro

Mientras a una cuadra mataban al hijo de alguien,

La camándula inundada de manos aturdidas

Meaba un monólogo sobre la fugacidad del amparo de

Dios.

Estas gentes que caminan conmigo nacieron de la pólvora

En ella pactaron sus nombres,

De ella alimentaron a sus hijos.

Mi sangre busca la mano hermana que cosechará su flor.

Está mi pecho tendido frente al odio.

Temo su tristeza.

The Fact is That

Translation by Alexandra Litton Regalado

I've walked alongside beings sadder than me

And I have no courage to see their dead eyes,

To see that they see my clear eyes,

How my mother's kiss betrays tenderness.

I have written poems to my mother

And I can't find in them any reason to continue being a

son.

How could I name her hands

Without showing my alphabet of suicides.

How could that atrocious word

Orbit the suburbs of a perfect childhood.

It's not raining now, but a few days ago

Rain drilled into rivers of fermented hunger.

Just west of the rum perhaps

Someone calls out my name next to christ.

As a child I stuttered the lord's prayer

While one block away they killed someone's son,

The flooded rosary of stunned hands

Pissed a monologue on the fleetingness of God's

protection.

These people who walk with me were born from

gunpowder

They covenanted their names in it,

They fed their children from it.

My blood seeks the sister's hand that will harvest its

flower.

My breast unfurls in the face of hatred.

I fear their sadness.

Broderes

A Moz y cualquier persona que me haya visto llorar

Te he mentido, Brodercito
no vivo aquí.
Solo busco la ternura
que fue arrojada al mar
desde que estrené la clave del llanto.

Estoy húmedo de esperar la madrugada
para poder retornar a los pájaros de la derrota.

(Le hago preguntas estúpidas al ordenador.
¿He de morir?
¿Qué tristeza abandonará la mirada de mi madre
viéndome bajar a la tierra, como ella lo predijo?)

Vuelo y a veces tengo espinas en el pecho.
Yo sé que me has visto chorreado
en un rincón del desprecio.

Yo también he visto anochecer en tus manos
y querer preguntarle al niño de la nariz mocosa
cómo se regresa al hogar.

Mar adentro,

mar adentro,

mar adentro.

Con seis dólares la hacemos.

Broderes

To Moz and anyone who has seen me cry

I lied to you, Brodercito
I don't live here.
I'm just looking for the tenderness
that was thrown into the sea
since I released the key to crying.

I'm wet from waiting for the dawn
so I can return to the birds of defeat.

(I ask stupid questions to the computer.
Am I to die?
What sadness will leave my mother's gaze
seeing me go down to earth, as she predicted)?

I fly and sometimes I have thorns in my chest.
I know that you have seen me dripping
in a corner of contempt.

I've also seen nightfall in your hands
and want to ask the child with the runny nose
how to return home.

Sea inside,

out to sea,

out to sea.

With six dollars we make it.

Carmen Amaralis Vega Olivencia - Puerto Rico

Carmen Amaralis Vega Olivencia, es de Puerto Rico. Es catedrática de Química, Física y Electroquímica en La Universidad de Puerto Rico, Recinto de Mayagüez. Es una Gestora cultural fundadora de La Feria Internacional del Libro Eugenio María de Hostos, desde el 2010; fundadora y presidenta de la junta administrativa de La Orquesta Sinfónica de Mayagüez, y socia fundadora de Damas Hostosianas del CAAM, y las Damas Leones de Mayagüez. Como Investigadora científica desde el 1976 mantiene un laboratorio donde ha dirigido exitosamente sobre 65 tesis de maestría y cuatro tesis doctorales en su área científica. Posee más de 50 publicaciones científicas en revistas científicas internacionales. Tiene a su haber nueve libros publicados con la Editorial Escarcha Azul de Mérida Venezuela, varios de poesía, relatos breves y crónicas de sus múltiples viajes alrededor del Mundo. Ha sido incluida en sobre 30 antologías internacionales y sus poemas y relatos han sido publicados en varios idiomas en varios países tales como Francia, Italia y USA como poeta en la diáspora.

Carmen Amaralis Vega Olivencia - Puerto Rico

Carmen Amaralis Vega Olivencia is from Puerto Rico. She is a professor of Physical Chemistry and Electrochemistry at the University of Puerto Rico, Mayagüez Campus. She is Founding cultural manager of the Eugenio María de Hostos International Book Fair since 2010, founder and president of the administrative board of The Symphony Orchestra of Mayagüez, founding member of The Hostosians' Ladies from CAAM, The Women's Union of the Americas and The Lions Club Ladies of Mayagüez. As a scientific researcher since 1976, she maintains a laboratory where she has successfully directed over 65 master's degree theses and four doctoral theses in her scientific area. She has published nine books with "Editorial Escarcha Azul" of Mérida Venezuela, several of poetry, short stories and chronicles of her many trips around the world. She has been included in over 30 international anthologies and her poems and short stories have been published in several languages in various countries such as France, Italy and USA as a poet in the diaspora.

La Unidad Divina

Dios en su grandeza se dio cuenta

de su infinita soledad,

y todo lo que no era Dios,

era la nada ante el espejo.

En su tristeza,

con su infinito poder

se dio un golpe en su justo centro,

y estalló en mil destellos de energía y materia.

Sus partículas giraron y giraron

formando las galaxias,

y sus montañas jóvenes

envejecieron.

Y aquellas partículas con la alta energía de Dios

se organizaron en el ADN

que está obligado como código genético esencial

a reunir todas sus partículas

en el único,

solo,

y triste Dios de origen...

Y todos los que somos

estamos obligados a encontrarlo

colocándonos

en el justo rompecabezas infinito del amor.

The Divine Unity

Translation by Luz María López

God realized in his greatness

his infinite solitude,

and all that was not God

was nothingness before the mirror.

In sadness,

with his infinite power

he struck a blow right in his center,

and it burst into thousand flashes

of energy and matter.

The particles whirled and whirled

creating all galaxies,

and its young mountains grew old.

And those high energy God's particles

organized themselves into DNA

which is forced as essential genetic code

to gather all its particles

into the one, lonely

and sad God of Creation...

And all of us are

compelled to find Him

by placing ourselves

exactly there in the infinite

puzzle of love.

Carmen Amaralis Vega Olivencia

Alma de luna

Aquí estoy con mi alma de luna.

Chispas de plata me desbordan

y giro como loca esperando la fuerza

que emana de tu luz.

Aquí estoy en mi cuarto menguante

deseando un beso en la negrura

de seis noches de amores clandestinos,

de girones de luz palidecida

con el fuego voraz de los encuentros.

Solo me falta el aroma de la noche

y un puñado de estrellas para amarte.

No te fíes de mí,

soy muy cambiante.

Más ten paciencia,

pues en esas noches en que me muestro llena

me desbordo en delirios embrujantes.

No puedo evitarlo,

tengo alma de luna.

Soul of Moon

Translation by Luz María López

Here I am with my moon soul.

Silver sparks overwhelm me,

spin like crazy

waiting for the force that emanates from your light.

Here I am in my dwindling room

wishing for a kiss in the blackness

of six nights of clandestine loves,

of gyros of pallid light

with the voracious fire of our encounters.

I only lack the aroma of the night

and a handful of stars

to love you.

Don't trust me,

I am very changeable,

be patient,

wait for those nights when I show myself full,

I disembark in bewitching delusions.

I can't help it,

I have a moon soul.

Carmen Amaralis Vega Olivencia

Dra. Luisa Navarro Tavarez

Dra. Luisa Navarro es de República Dominicana. Es una Historiadora académica, socióloga, educadora, con múltiples publicaciones y conferencista a nivel internacional. Además, es una poeta, narradora, novelista y profesora de la Universidad Autónoma de Santo Domingo. Ha sido consultora en programas de educación y asuntos de la mujer. Su trabajo poético está publicado en compilaciones personales en español e inglés y antologías internacionales. Sus recientes libros de poesía son *Café con tinta* y *Viento del este /Wind From The East,* versión bilingüe. Otros libros son *Todo florece aquí adentro* y *Azafranados.*

Dra. Luisa Navarro Tavarez

Dr. Luisa Navarro Tavarez is from the Dominican Republic. She is an Academic historian, sociologist, educator, with multiple publications and lecturer at international level. Moreover, she is a Poet, storyteller ,novelist and a professor at the Autonomous University of Santo Domingo. She has been a consultant in education programs and women's affairs. Her poetic work is published in personal compilations in Spanish and English and international anthologies. Her recent books of poetry are Café con tinta and Viento del este /Wind From The East, bilingual version. Other books include Todo florece aquí adentro and Azafranados.

Alguna vez fue distinta la vida

Las cumbres se derraman sobre sí.

Gangrena que abate a pedazos
sus carnes sobre el valle.

Derrumbados sus costados,
dejan ver costillas heridas
por el hambre mineral del oligarca.

Queda en el calendario antiguo,
sobre un trozo de pared erguida,
el esplendor de jacarandas y flamboyanes,
rojos y amarillos iridiscentes,
sin el óxido de hierro derramado
como llanto de sangre,
como el pelado costado de la
montaña.

A lo lejos,
azafranes visten las praderas
terregosas de ladrillo púrpura,
ocre, que asesinan el verde
en la fotografía del calendario.

Ese que persiste en mostrar

un pasado de ficción,

donde la tarvia urbana

hace saltar las patitas de

las frágiles aves.

Cerca,

al alcance

de mi balcón pedestre,

bifurcado de ramas,

el roble espera los nidos.

Como cortina rubia de canas sucias,

seca la guajaca.

El embate del sol no tiene reparos,

donde la vida se cansa y

da paso al olvido.

Ya no vendrán las ciguas

a armar sus edificios

con hilos amarillos,

donde talado quedó el frutal.

No habrá polluelos en las ramas,

a la espera del bocado de insectos.

La muerte,

cansada,

le da paso al recuerdo.

El águila se estanca en el suelo

sin poder desplegar sus alas,

donde una liviandad de sangre

reta el peso del aire.

La verde lejanía

quedó en el verso de las canciones viejas,

desierto sin vestigios de un reino jamás visto

por los ojos vidriados del hombre nuevo.

Desolada,

en el borde,

la cabra no encuentra explicación para bajar.

Allá,

al menos,

la lluvia ácida quema más que el sol.

Cabra sin sentido

en la razón humana del metal.

Al anochecer,

la vida minúscula se perdió

en la naturaleza del humo pertinaz de la minera,

que ya no es.

Donde la avioneta fumiga

el arroz de nutrientes que dañan

la vida metálica de sus robóticos cuerpos

ninis,

los millenials,

como aturdidos gusanos transparentes,

no recuerdan algún Dios

para clamar misericordia,

cuando,

a veces, la lluvia lava el aire.

Life Was Different Once

The peaks spill over.

Gangrene that smashes their flesh
to pieces over the valley.

Having collapsed, its sides reveal injured ribs by
the mineral hunger of the oligarch.

It remains in the ancient calendar, on a piece of
upright wall,
the splendor of jacarandas and flamboyant
trees,
red and iridescent yellow,
without the rust of iron spilled like blood
tears
—like the peeled-off side of the
mountain.

In the distance,
crocuses dress the earthy meadows purple,
the ocher brick—which kills the green in the
calendar photograph.

That which persists on showing a fictional
past
where the urban asphalt makes the legs of the
fragile birds jump.

Close,
within reach of my pedestrian
balcony,
forked by branches,
the oak awaits its nests
as a blonde curtain of dirty gray
hair,
the *guajaca,*
lies dry.

The onslaught of the sun has no qualms where life tires
and gives way to oblivion.

No longer will the stilts come to raise their buildings
with yellow threads there
where the fruit tree was cut down.

There will be no chicks on the branches,

waiting for a beakful of bugs.

Tired, death gives way to memory.

The eagle stands on the ground unable to spread its wings
while a lightness of blood defies the weight of the air.

 The green distance remained in the verse of old songs,
desert without vestiges of a kingdom
never seen
by the glazed eyes of the new man.

Desolate, on the edge,
the goat finds no reason to go down.
There, at least the acid rain burns more than the sun.

Mindless goat
in the human reason of metal.

At dusk, the tiny life was lost
in the nature of the stubborn smoke
of the miner woman,
who no longer is.

Where the plane sprays the rice with nutrients
that damage the metallic life of their
robotic *nini* bodies
—Millennials—

like stoned transparent worms, they do not

remember any God to cry out for mercy to,

when, sometimes,

the rain washes the air.

Xavier Panades I Blas

Xavier has been instrumental in the internationalization of the culture of the Catalan Lands. He has been stunning audiences for the last 20 years with his explosive performances in Catalan around the globe.

This is not surprising as Xavier's writings totally absorb the readers. His poems and stories regularly published in international journals and in particular his poems in The Ear of Eternity (Francis Boutle: 2019) is an experience of self-discovery where the artist becomes insignificant, a mere channeller.

Xavier is currently working in translating and musicalising the poems by Ramon Folch i Camarasa; recording the poems for his upcoming album, and recording poets in Catalan, Castilian, and English for the non-profit organization Listen to Poetry.

"Xavier Panadès gifts his reader with a celebration of human emotions that reach the entrails of human existence."

Xavier Panades I Blas

Xavier ha sido instrumental en la internacionalización de la cultura de las Tierras Catalanas. Ha sido un público impresionante durante los últimos 20 años con sus explosivas actuaciones en catalán en todo el mundo.

Esto no es sorprendente, ya que los escritos de Xavier absorben totalmente a los lectores. Sus poemas e historias regularmente publicados en revistas internacionales y en particular sus poemas en El oído de la eternidad (Francis Boutle: 2019) es una experiencia de auto-descubrimiento donde el artista se vuelve insignificante, un mero canalizador.

Xavier trabaja actualmente en la traducción y musicalización de los poemas de Ramon Folch i Camarasa; en la grabación de los poemas de su próximo álbum, y en la grabación de poetas en catalán, castellano e inglés para la organización sin fines de lucro Listen to Poetry.

"Xavier Panadès regala a su lector una celebración de las emociones humanas que llegan a las entrañas de la existencia humana"

Dónde están las abejas?

En el campo de nabos

de un tal Arsenio,

hay un zumbido eterno

de felicidad en el reino.

La gente preocupada,

este año no hay abejas,

no hay música

no hay lentejas.

¿Qué comerán los niños,

azufre con membrillo,

manzanas del olvido,

o conservas de sardinas al ajillo?

Buscando la cereza perfecta,

la gente perfuma los cultivos,

con olores furtivos

que matan de amor a insectos.

Excepto por Arsenio,

que no perfuma sus flores,

que reparte su cosecha

entre gente y animales.

En el campo de nabos
de un tal Arsenio
se oye el zumbido
de todos los insectos.

(Dedicada a mis abuelos Arsenio y Madalena)

Where are the Bees?

On the turnip field
of a Mr. Arsenio,
there is an eternal hum
of happiness in the kingdom.

Worried people are,
this year there are no bees,
there is no music
there are no lentils.

What will the children eat?
sulfur with quince,
apples of forgetfulness,
or canned sardines in garlic?

Looking for the perfect cherry
people perfume the crops,
with sneaky smells,
which kill insects with love.

Except for a Mr. Arsenio,
who does not perfume his flowers,
who shares his harvest
between people and animals.

In the turnip field

of a Mr. Arsenio

 you hear the buzz

of all insects.

Dedicated to my grandparents Arsenio and Madalena

Futuro Inexistente

Todos juegan en el pueblo
bajo la mirada atenta
de los molinos de viento
y el olvido del momento.

En la vieja escuela
se reviven memorias,
de gente pasada y guerras
ya que no queda casi gente.

Quejar-se de todo
es el gran deporte,
pero llegan las elecciones,
y el mismo zampón se mete.

Creen en la podrida simiente:
las fábulas impecables
de unión, estados, y gerentes,
donde Dios dicta el destino.

Así pasa el tiempo y
la gente de futuro
y la memorias del presente
ya no existen.

Ya nadie juega

bajo la mirada de los molinos de viento.

¿y la vieja escuela?

…Es un nido de cuervos.

Non-existent future

Everybody plays in town

under the watchful gaze

of the windmills

and the oblivion of the moment.

In the old school

Memories are relieved,

of ancient people and wars,

since no one is left.

Complaining about everything

is the national sport,

but the elections come,

and the same crook has won.

They believe in the rotten seed:

flawless fables

of union, states, and managers,

where God dictates destiny.

So time goes by and

the people of the future

and memories of the present

do not exist anymore.

Nobody plays anymore
under the gaze of the windmills.
And the old school?

…it is a nest of crows.

Alina Velazco Ramos

Alina es una escritora, poeta, periodista y directora cultural de México. Estudió su especialidad en Creación de literatura del Instituto Nacional de Bellas Artes.

Sus poemas han sido aplaudidos en "XLIV International Poetry and Narrative Contest Audiobook Voices of Today, 2015", Argentina y fue finalista en el concurso "El Décimo es un Árbol" del Museo de Arte y Artesanía de Santa Clara, Cuba.

Sus poemas han sido traducidos al rumano, inglés, italiano y portugués; publicado en México, Chile, Rumanía, País Vasco, República Dominicana, Colombia, España, Perú, Argentina, Cuba, Estados Unidos, Bolivia, Canadá, Italia, Honduras, Brasil e India.

Alina Velazco Ramos

Alina Velanzo Ramos is a writer, Poet, Journalist and Cultural Manager from Mexico. She has Studied her major in Literature Creation from the National Institute of Fine Arts.

Her poems have been appreciated at "XLIV International Poetry and Narrative Contest Audiobook Voices of Today, 2015", Argentina. She has been a finalist in the contest "The Tenth is a Tree" of the Arts and Crafts Museum of Santa Clara, Cuba.

Her poems are translated into Romanian, English, Italian and Portuguese; and they are published in countries like México, Chile, Romania, Basque Country, Dominican Republic, Colombia, Spain, Peru, Argentina, Cuba, United States, Bolivia, Canada, Italy, Honduras, Brazil and India.

Te Encontre

Te encontré en una tarde de invierno.

Entre el frío y el anhelo

de alguien que me diera amor.

Te encontré en la tarde invernal,

entre el invierno de Vivaldi y una taza de té egipcio.

Te escuché como una sonata lenta.

Sentí tu ritmo y tus notas dentro de mi cabeza.

Te vi en los dedos del pianista y en la mano del director.

Tú eres mi música.

Me dejas volar contigo en las notas musicales.

Eres mi flauta.

Cuando te toco con mis labios, escucho tu música del

amor.

Eres mi arpa.

Cuando mis dedos te tocan,

produces hermosos sonidos que me hacen feliz.

Tú eres mi piano.

Cuando mi alma te toca, hacemos realidad nuestra amorosa

sinfonía.

Me encanta nuestra sinfonía.

Caliente.

Húmeda.

Llena de color y plena de sentimientos.

Transformas mi invierno en primavera solo con tu voz...

La sinfonía caliente y húmeda comienza lento.

Y llega hasta el final rápido.

de tu sentimiento y el mío.

I Found You…

I found you on a winter afternoon.

Between the cold and the longing

of someone who gives me love.

I found you in winter afternoon,

between Vivaldi winter and Egyptian cup of tea.

I heard you like a slow sonata.

I felt your rhythm and your notes inside my head.

I saw you on the fingers of the pianist and on the hand of

the conductor.

You are my music.

You let me fly with you on musical notes.

You are my flute.

When I just touch you with my lips, I hear the music of

love.

You are my harp.

When my fingers touch you, you produce beautiful sounds

who makes

I'm happy.

You are my piano.

When my finger touches you, you make real the symphony
of love.

Love symphony.

Hot.

Wet.

Full of color and plenty of feeling.

You change my winter in spring just with your voice...

Hot, wet symphony starts slow...

And go until the finale.

Fast.

Just your feelings and mine.

Horus

Te busco en el mitológico instante antiguo que nos une

y ansío sentir cerca los colores que surgen de tus manos.

Esos que cambiarán el arcoíris del blancogrisnegro de mi

ser

y me llenarán la piel de entes de legendaria estirpe.

Mi persona tiembla tan solo para verte.

Y es que te deseo jugando en mi entrepierna,

como nadie antes te deseó, dulce Horus.

Señor oscuro, hedonista.

Dios que corrompe mis sensaciones dormidas.

Cierro los ojos y lo roto de tu nombre,

plasmado en el papiro,

se convierte en eso que me lleva al éxtasis.

Al suave gemido que escapa de mis labios,

cuando por las madrugadas,

tomas mi sexo subrepticiamente,

en el sueño perfecto en el que solo existimos tu y yo.

Aunque tus caricias regresen siempre al territorio de la

mujer leopardo.

Horus

I look for you in the ancient mythological moment

which unites us

and I hope to feel the colors that sprang from your hands.

Those who change the whitegrayblack rainbow of my

being, which will fill my skin

with entities of some legendary dynasty.

My being begins to shiver just by seeing you.

Because I want you to play around my feet;

I want you like no other, sweet Horus.

Obscure. Hedonist man.

Deity that corrupts my dormant sensations.

I close my eyes and the departure from your name,

forged on a papyrus,

transforms into something that excites me.

The delicate moan that escape from my lips,

when, in the morning,

you take hold of my sex stealthily

in the perfect dream in which nothing exists beside you

and I.

Even if your caresses always come back to the territory of

the leopard woman.

Carlos Zarzalejo

Carlos Zarzalejo es de Caracas. Es Doctor en Educación. Es un poeta y docente. Es un Ganador de la 6ta Bienal Nacional de Literatura "Ramón Palomares" (2015); VI Festival Mundial de Poesía, Casa de las Letras Andrés Bello (2015), Concurso de poesía, Monte Ávila Editores (2014) etc. Actualmente se desempeña como profesor de ***Español como Lengua Extranjera*** en Bangalore-India.

Carlos Zarzalejo

Carlos Zarzalejo is from Caracas. He is Doctor of Education, a poet and teacher. He is winner of the 6ta National Biennial of Literature "Ramon Palomares" (2015); 6th World Poetry Festival, Casa de las Letras Andrés Bello (2015), Poetry Contest, Monte Avila Editores (2014). He is currently a professor of Spanish as a Foreign Language in Bangalore-India.

Los Pixelados

Ahora todo el mundo tiene un poema,

un beso guardado en el bolsillo,

un labio redondo como la fruta que nace en los Himalayas.

Ahora todos tienen un doliente,

una cicatriz que avanza por todo el corazón,

un duelo profundo que no lo sana una pandemia.

Ahora todos están molestos

y se miran a través de sus cartulinas de plomo

y se acercan a tomar las sartenes de la sabiduría por las

orejas.

Ahora todo es explícito

y decir cuatro frases cosidas a la muerte

se aplaude los domingos de cada mes.

Mucha soledad distendida.

Algo tan esférico y eterno como el canto de los grillos

puede ser usado en tu contra:

una fecha en la que lamentablemente puede estar el

elemento 7,

una pelota firmada por una estrella de mar.

Ahora se ha abierto una fosa común donde todos tenemos
una palabra amiga

y un libro quemado donde habita el hombre y la mujer

y hasta un perro

y una molécula de uranio.

Ahora todos están pixelados

y maldicen con fuerza

y apoyan las maldiciones

(siempre y cuando no sean en su contra)

en cuyo caso maldicen de nuevo

y así ad infinitum.

Ahora tenemos que vigilar el diámetro de las vocales

y despertarnos con cuidado para evitar despertar a los
difuntos

y luego salir a caminar por las aceras del píxel.

Luego no hay nada;

allí nos saludamos con miedo a decirnos adiós

y nos decimos adiós con miedo a romper las cáscaras del
pensamiento

donde florece un jardín de orondas convicciones.

Ahora la piel es más fina

y nadie sabe hasta cuando durará semejante tristeza.

The Pixelated

Now everyone has a poem,

a kiss kept in the pocket,

a round lip like the fruit that grows in the Himalayas.

Now everyone has a mourner,

a scar that progresses across the heart,

a deep mourning that is not healed by a pandemic.

Now everyone is upset

and they look at each other through their lead cardboard

and come to take the pans of wisdom by the ears.

Now everything is explicit

and say four sentences sewn to death

applause on Sundays of each month.

Lots of loneliness.

Something as spherical and eternal as the song of the

crickets can be used against you:

a date in which element 7 can unfortunately be,

a ball signed by a starfish.

Now a mass grave has been opened where we all have a

friendly word

and a burned book where man and woman live

and even a dog

and a molecule of uranium.

Now they're all pixelated

and curse loudly

and support the curses

(as long as they are not against you)

in which case they curse again

and so ad infinitum.

Now we have to keep an eye on the diameter of the vowels

and wake up carefully to avoid waking up the deceased

and then go for a walk on the sidewalks of the pixel.

Then there is nothing;

there we greet each other afraid to say goodbye

and we say goodbye in fear of breaking the shells of

thought

where a garden of proud convictions flourishes.

Now the skin is thinner

and no one knows how long such sadness will last.

Hablo Del Pais Posible

Hablo del pais posible,

del lugar donde crecen pastizales en los ojos.

La tierra que,

siendo todos los países del mundo,

se encuentra más cerca de los árboles.

País llamo yo al humus que habito debajo de mí.

País los brazos del caribe bailando una canción,

una falda que le nace al viento,

una corocora,

un tordo que desconoce la ternura.

Este país es la mujer más hermosa del universo.

La dama en cuatro repartiendo calostro.

La dama desangrada.

La dama de sangre negra.

La dama esa que nadie sabe cómo se llama.

Hablo de este país que tiene los labios salados

y se recuesta a dormir entre golondrinas,

que descansa a las orillas del Orinoco

y sale a corretear medio desnuda

en alguna playa del litoral.

Me refiero sin duda a la gran madre.

Los minerales mezclados con agua.

La arcilla.

La arena.

El barro mezclado con sol de leche.

Las montañas bajando aún dormidas con sus cachetitos
rojos

y sus manos heladas cuando van a la escuela.

Hablo del indio,

del hombre que se comunica directamente con la brisa.

Hablo de la medicina wotjuja,

del caapi, la sagrada ñuña y la apacible akura.

Hablo de la selva con cicatrices en la cara,

y del hombre que viaja en curiara como viniendo del
pasado.

Hablo del país de lo posible;

del país real,

sin extraterrestres, sin superhéroes, sin tanta pose,

donde todos nos hemos sentado a contemplar la verdad

y hemos llegado a las mismas conclusiones.

Hablo de la negra fulía

y del blanco vals de la arena,

de la república con ganas de vivir,

y que en sueños se desborda

como una patria desvestida entre los dedos.

En este territorio de sabias solicitudes,

de respiración perfecta,

de cielo perfecto,

donde

de seguro

en alguna guacamaya se pierde el aire

¿quiénes somos cada uno de nosotros?

El país de lo posible es el lugar

donde los trenes

son las corcheas de un instrumento que despide una rara

melodía,

Corina Smith,

Canserbero a dúo con McKlopedia,

y hasta a Gerry Weil y a Vytas meto en este peo

y a un par de boricuas tocando la percusión.

La gente aplaude.

Si la gente no aplaude considérate un curioso.

Misticismo, brujería, magia.

A partir de allí,

cuando sabes lo que eres y lo que no eres,

comienza el país.

El país también está antes que eso ocurra,

pero no marcha.

Se convierte en un reptil de piedra,

en una flor encorvada

como el Nazareno de San Pablo.

Entonces, un país también puede ser una pistola,

gélida, sin vida

o un libro que,

faltando unas páginas,

desenvaina la paz

como desenvainando una espada.

Próspero llamo yo a un país que despierta,

que literalmente se levanta de la cama,

se cepilla los dientes y sale a trabajar.

Próspero es un país que ha resuelto el dilema de por qué es

un país.

Más allá de los tecnicismos

dilucidar

cuáles son los brazos de los árboles que abrazan las

estrellas.

Descifrar cada fragmento de la bóveda celeste

y ponerlos en tus cuadernos

y acordarte de tu primera novia también es un país.

De allí que la palabra país nace en las grietas

y te empieza a salir por las manos,

te sube por los brazos y el pecho

y cuando vienes a ver ya las has usado tres mil veces en las

redes.

El país de lo posible es sentarse alrededor de una fogata.

Tener a Dios y a la ciencia de nuestro lado.

Dejar que cada madera cruja con su propio inverno.

Donde la libertad sea el perfume de las leyes

y la compasión de la brisa que cubre la noche.

Donde domesticamos al sol

porque ahora

solo lo tenemos prendido en los recuerdos.

I Speak of the Possible Country

I speak of the possible country,

of the place where grasses grow in the eyes.

The land that

being all the countries of the world,

It is closer to the trees.

Country I call the humus that lives below me.

Country the arms of the Caribbean dancing a song,

a skirt that is born in the wind,

a corocora,

a thrush that knows no tenderness.

This country is the most beautiful woman in the universe.

The lady in four delivered a colostrum.

The bleeding lady.

The lady of black blood.

The lady that nobody knows her name.

I speak of this country that has salty lips

and lies down to sleep among swallows,

that rests on the banks of the Orinoco

and runs around half naked

on some coastal beach.

I refer without a doubt to the great mother.

Minerals mixed with water.

The clay.

The sand.

The mud mixed with milk sun.

The mountains descending still asleep with their little red

cheeks

and their cold hands when they go to school.

I'm talking about the Indian

of the man who communicates directly with the breeze.

I speak of wotjuja medicine,

of the caapi, the sacred ñuña and the peaceful akura.

I speak of the jungle with scars on the face,

and of the man who travels in curiara as coming from the

past.

I speak of the country of the possible;

of the real country,

without aliens, without superheroes, without so many

poses,

where we have all sat to contemplate the truth

and we have come to the same conclusions.

I speak of the black fulía

and the white waltz of the sand,

of the republic wanting to live,

and that in dreams overflows

like a homeland undressed between the fingers.

In this territory of wise requests,

perfect breath,

of perfect sky,

where

for sure

in some macaw the air is lost

Who are each of us?

The country of the possible is the place

where the trains

are the eighth notes of an instrument that gives off a

strange melody,

Corina Smith,

Canserbero in duet with McKlopedia,

and I even put Gerry Weil and Vytas in this mess

and a couple of Puerto Ricans playing percussion.

People applaud.

If people don't applaud

Consider yourself curious.

Mysticism, witchcraft, magic.

From there,

when you know what you are and what you are not,

country begins.

The country is also before that happens,

but it doesn't go.

He turns into a stone reptile,

in a crooked flower

like the Nazarene of San Pablo.

So a country can also be a gun,

cold, lifeless

or a book that

missing a few pages,

unsheath the peace

like unsheathing a sword.

Prospero I call a country that awakens,

who literally gets out of bed,

He brushes his teeth and goes to work.

Prosperous is a country that has resolved the dilemma of

why it is a country.

Beyond the technicalities

elucidate

which are the arms of the trees that embrace the stars.

Decipher every fragment of the vault of heaven

and put them in your notebooks

and remembering your first girlfriend is also a country.

Hence the word country is born in the cracks

and it starts to come out of your hands,

runs up your arms and chest

and when you come to see you have already used them

three thousand times on the networks.

The possible country thing is to sit around a campfire.

Having God and science on our side.

Let each wood creak with its own winter.

Where freedom is the perfume of laws

and the compassion of the breeze that covers the night.

where we tame the sun

because right now

we only have it lit in the memories.

Image: freesvg.org

www.ingramcontent.com/pod-product-compliance
Lightning Source LLC
Chambersburg PA
CBHW061340160726
47995CB00001B/113